DE
SAINT-DOMINGUE.

DE
SAINT-DOMINGUE.

RÉFLEXIONS

EXTRAITES D'UN MÉMOIRE SUR LE COMMERCE
MARITIME ET LES COLONIES,

PAR M. MAZOIS PÈRE,

ANCIEN NÉGOCIANT-DIRECTEUR DES PAQUEBOTS DU ROI,
PROPRIÉTAIRE A SAINT-DOMINGUE, ET MEMBRE HONORAIRE
DE L'ACADÉMIE ROYALE DE BORDEAUX.

DE L'IMPRIMERIE DE FIRMIN DIDOT,
IMPRIMEUR DU ROI, RUE JACOB, N° 24.

1824.

DE
SAINT-DOMINGUE.

RÉFLEXIONS EXTRAITES

D'UN MÉMOIRE SUR LE COMMERCE MARITIME
ET LES COLONIES.

IL devient chaque jour plus urgent de prendre, dans l'intérêt de la France, de son agriculture et de son commerce, une décision quelconque pour Saint-Domingue.

Plusieurs projets relatifs à cette colonie occupent depuis long-temps tous les esprits, et leurs partisans les soutiennent avec toute la chaleur que peuvent donner l'intérêt personnel, l'amour-propre ou la persuasion.

Au milieu de tant d'opinions divergentes, celles qui fixent le plus particulièrement l'attention se réduisent à trois ; savoir :

1° La conquête par invasion à main armée ;

2° La réduction par un blocus ;

3° L'indépendance reconnue par nous, à des

conditions avantageuses à la métropole, à son commerce et aux anciens propriétaires.

L'importance de ces trois propositions exige que l'on développe les moyens à employer pour la réussite de chacune d'elles, sans dissimuler les difficultés qui en rendraient le succès plus ou moins problématique. Je vais exposer sommairement, et de mon mieux, les chances pour et contre : le public jugera.

PREMIER PROJET.

De la Conquête à main armée.

Il faut d'abord poser en fait, qu'on ne peut, qu'on ne doit l'entreprendre, à moins de trente mille hommes de débarquement. Quelques personnes prétendent qu'il n'en faut pas tant ; elles oublient que la force assure, accélère le succès, et qu'une telle entreprise manquée, l'on pèrd jusqu'aux espérances qu'aurait pu du moins prolonger l'inaction.

Une pareille expédition nécessiterait d'abord l'affrétement de 215 navires de 350 tonneaux, plus ou moins ; mais d'un ensemble à procurer 75,000 tonneaux d'encombrement, pour le transport des hommes, de leur fourniment et de leurs armes, de leurs chariots, de leurs tentes ou baraques en planches, d'une artillerie proportionnée, de toutes les munitions de guerre, de neuf mois de vivres, dont trois de mer et six de terre.

Un convoi de cette importance devrait être escorté en mer, et protégé sur les côtes par une escadre de huit vaisseaux de guerre, quatre grosses frégates et douze corvettes.

En supposant que tout doive être terminé, à perte ou gain, dans le courant d'une année, deux autres convois de 80 navires chaque, soit 28,000 tonneaux, et ensemble 56,000 tonneaux, n'en devraient pas moins encore être expédiés, l'un quatre mois, l'autre huit mois après le départ de l'armée, pour des remplacements d'hommes, de vivres, munitions de guerre, apparaux pour l'escadre, etc.

Les personnes qui ont été témoins d'entreprises à peu près pareilles, ne seront point éloignées de croire que celle-ci devant tenir en activité 54,900 hommes de terre et de mer, pendant une année, à 1800 lieues de la métropole, ne doive occasionner une dépense de plus de deux cents millions, y compris quarante-six millions de fret à payer aux quatre cent soixante-quinze navires des trois convois, et sauf encore les événements imprévus *.

* L'on trouve à la fin de ce Mémoire un plan d'armement

1.

Serait-il encore bien certain que l'Angleterre et les États-Unis vissent avec indifférence de pareilles forces se diriger vers les Antilles? On peut compter qu'en ce cas une escadre anglaise ne tarderait pas à se montrer pour observer nos mouvements, et je ne serais même pas étonné qu'alors le cabinet britannique ne demandât les frais de sa surveillance.

En admettant un débarquement opéré sans résistance sur un point non prévu, que trouvera-t-on plus loin? L'incendie, la dévastation de tout ce qui existait, depuis le rivage jusqu'à dix ou douze lieues dans les terres. Ainsi donc, plus d'édifices pour en faire des magasins, des hôpitaux; pas un cheval, pas un mulet pour le service de l'artillerie *. S'il en est envoyé quel-

présentant des calculs et des détails aussi justes, aussi circonstanciés que mes vieux souvenirs ont pu me le permettre.

* L'on pourra bien embarquer 8 à 900 chevaux au premier départ; ce qui s'en sauvera servira aux premiers besoins de l'artillerie et de l'état-major, mais le climat et le changement de nourriture les auront bientôt réduits à rien. Comme il n'est pas certain que les États-Unis se prêtent à fournir des vivres, et surtout des chevaux, il serait prudent de passer à l'avance des marchés, avec des négociants de la Havane et de quelques Iles du Vent, pour avoir des chevaux et mulets acclimatés et vivant de peu.

ques-uns des Iles du Vent, en combien de temps, en quel état arriveront-ils? Les vivres, les bestiaux, les fourrages, tout sera caché au sommet des doubles montagnes. Durant le jour, personne à combattre; mais après le soleil couché, nous serons obligés de soutenir de continuels engagements contre des hommes couleur de nuit, qui nous attaqueront pour nous contraindre à multiplier et à prolonger des bivouacs dont la formidable armée du général Leclerc a éprouvé les funestes effets*.

Tels sont les obstacles que nous aurons à surmonter; point de doute que des soldats français ne puissent en triompher : mais quel sera le résultat d'une pareille invasion? La conquête de fertiles et vaste plaines, converties en déserts, entourées de montagnes escarpées, au sommet desquelles toute la population de l'île pourra se retrancher, et cultiver des vivres plus tranquillement encore que ne le font ces nègres déserteurs cantonnés depuis plus de cent cinquante ans dans

* Il n'y a pas une case à Saint-Domingue qui n'ait à sa porte deux torches en croix, par ordonnance de police, pour rappeler aux habitants qu'ils doivent tout incendier au premier signal. L'armée française n'aurait pas le bonheur de trouver là, comme en Espagne, un clergé et une partie de la nation pour elle, et ne saurait espérer d'être considérée comme armée libératrice.

plusieurs des Antilles, et avec lesquels les blancs ont été obligés de traiter, pour avoir la paix, faute de pouvoir les débusquer de leurs inabordables cavernes. Ces bandes existent encore de nos jours, à la Dominique, ainsi que dans les montagnes Bleues à la Jamaïque.

Les ministres de la guerre et de la marine ont encore sous la main la déplorable énumération des pertes que nous éprouvâmes, en hommes et en argent, par suite de la fameuse expédition ordonnée par Bonaparte, dont le résultat fut l'entière destruction de la plus belle, de la plus riche colonie, que les Européens aient jamais possédée aux Antilles *.

* La première armée arrivée avec le général Leclerc ne fut malheureusement que de onze mille hommes. Deux renforts arrivés successivement depuis le premier débarquement la portèrent à 42,000 hommes...... 35,000 ont péri, 7,000 sont revenus, et rien du matériel de cette belle et brave armée : c'était celle dite du Rhin ; elle eut la préférence pour cette mission, afin de la punir (a-t-on dit dans le temps, méchamment peut-être) de son dévouement au général Moreau. Si telle fut l'intention, on a réussi. Cette armée, après avoir donné de si glorieuses preuves de sa valeur, est venue succomber sous l'insalubrité d'un climat dévorant, et sous les coups de demi-sauvages sans discipline, et qui n'avaient jamais vu le feu. La zone torride fut pour elle ce que Moscou fut pour la grande armée.

DEUXIÈME PROJET.

Du Blocus.

En donnant la préférence à ce moyen de réduction, la prudence exigerait qu'on débutât par répandre dans l'île de sages et philanthropiques proclamations pour rassurer les Haïtiens sur leurs vies, leurs fortunes, sur leur liberté individuelle, et qu'on entamât en même temps d'adroites négociations pour nous ménager quelques partisans parmi eux.

Il faut cependant se bien persuader à l'avance, qu'aucune confiance ne serait accordée aux plus séduisantes promesses, si elles n'étoient précédées d'une ordonnance royale, ou d'une loi promulguée et exécutée dans toutes les colonies françaises, pour l'abolition de l'esclavage. Alors seulement, les Haïtiens pourront croire qu'on n'en veut pas à cette liberté, qu'ils se proposent de défendre jusqu'à la dernière extrémité, avec le secours direct ou indirect de ses nombreux partisans dans les deux hémisphères *.

---

* En 1799, le général du génie Vincent fut chargé, de la part du premier consul, de porter à Toussaint-Louverture, 1° un décret le nommant général en chef de l'armée

Le blocus le mieux organisé deviendrait illusoire, ou pourrait occasionner quelques hostilités, si l'on n'était assuré d'avance de l'assentiment des puissances maritimes de l'Europe et de l'Amérique ; ce qu'il serait difficile d'obtenir des États-Unis, qui n'ont rien de commun avec la Sainte-Alliance, ni même de l'Angleterre, laquelle s'est réservée, *in petto*, de n'adhérer aux décisions de cette puissante fédération, qu'autant qu'elles ne pourraient préjudicier aux intérêts de son commerce.

de Saint-Domingue ; 2° la constitution de l'an VIII ; 3° une proclamation dans laquelle se trouvent ces mots : *Braves noirs, souvenez-vous que la France reconnaît la liberté et l'égalité de vos droits.* Le général Vincent ayant proposé à Toussaint de faire imprimer ces paroles en lettres d'or sur les drapeaux de la garde nationale, le général blanc fut tout étonné d'entendre le général noir lui faire cette réponse remarquable : *Ce n'est pas une liberté de circonstance, concédée à nous seuls, que nous voulons, c'est l'adoption absolue du principe que tout homme né rouge, noir ou blanc, ne peut être la propriété de son semblable. Nous sommes libres aujourd'hui, parce que nous sommes les plus forts.... Le consul maintient l'esclavage à la Martinique et à Bourbon ; nous serons donc esclaves quand il sera le plus fort.*

Cette anecdote est extraite d'un Mémoire du général Vincent, page 11, imprimé à Paris, en 1824, chez Didot jeune.

L'on ne peut également se dissimuler qu'un blocus, pour être moins dispendieux qu'une invasion à main armée, ne laisserait pas que d'entraîner encore dans d'énormes déboursés.

1° Pour l'armement d'une escadre de quatre vaisseaux de guerre, six grosses frégates et dix corvettes, destinés, moitié à une continuelle croisière sur les côtes du nord de l'île, moitié sur celle du sud.

2° Pour l'affrétement d'un premier convoi de 130 bâtiments de 350 tonneaux, nécessaire au transport de 12,000 hommes de débarquement, de neuf mois de vivres, et d'un matériel proportionné, indépendamment des convois qui devraient approvisionner l'armée tous les quatre mois. Cependant ce second projet pourrait occasionner moitié moins de dépenses que le premier, sauf le cas d'une opiniâtreté prolongée de la part des assiégés, de laquelle il est aussi impossible de prévoir le terme que celui des frais qui pourraient en résulter ; mais du moins cette manière d'opérer aurait le précieux avantage de ménager la vie de nos braves, celle des assiégés, et offrirait, sous ce rapport, plus de chances pour la réussite qu'une invasion à main armée (*).

---

* Lorsqu'on se rappelle que la terrible insurrection qui eut lieu à Curaçao en fructidor de l'an VIII, et dans laquelle

La sûreté de l'armée de terre destinée à un pareil blocus exigerait sur les côtes cinq principaux points d'appui, bien retranchés et baraqués, pour y repartir ces douze mille hommes.

SAVOIR :

2,000 au cap Samana........... à l'est.
1,500 au fort Dauphin
3,000 à l'île de la Tortue } ...... au nord.
2,000 du côté du mole Saint-
     Nicolas Léogane, etc... à l'ouest.
3,500 à l'île à Vache, Santo-
     Domingo, où les Cayes. au sud.

Des généraux nés à Saint-Domingue, et en retraite à Paris, ont encore présente à la mémoire la topographie de cette île, et pourraient par conséquent, mieux que moi, indiquer des positions plus militaires.

Malgré toutes ces précautions, les personnes qui connaissent le mieux l'esprit public de Saint-

périrent tant de blancs, fut apaisée en un instant par la seule présence et les exhortations du padre espagnol Erskine, on est tenté de croire que le zèle de quelques bons missionnaires pourrait abréger la durée d'un blocus ; car les noirs de Saint-Domingue, sans être foncièrement instruits des mystères de notre religion, sont encore, et plus que jamais, enthousiasmés des cérémonies extérieures de son culte.

Domingue, n'oseraient pas plus assurer la réussite de ce second projet que celle du premier; mais elles conviennent que des cultivateurs, constamment privés de la faculté d'échanger leurs récoltes contre des munitions de guerre et contre des produits exotiques nécessaires à leur défense, aux besoins de la vie et aux caprices du luxe, pourraient *peut-être*, dans le courant de moins d'une année, prêter l'oreille à des proclamations assez sages, assez franches, pour les rassurer sur leur existence physique, politique, et les délivrer des inquiétudes que doivent leur donner, *quoi qu'on en puisse dire*, l'arrogance et l'inaction de la population noire *.

On pourrait aussi espérer de rencontrer à Saint-Domingue, comme ailleurs, des jalousies de noirs à mulâtres, de fortunes et de conditions, des ambitieux qui ne sont jamais contents du gouvernement sous lequel ils vivent. Toutes ces passions se taisent devant une invasion à main

---

* Les chefs de cette république pensent qu'il n'est pas encore temps de s'occuper sérieusement de leur civilisation. Le vagabondage et l'habitude de parcourir les montagnes le fusil sur l'épaule entretient parmi eux l'esprit martial : l'habitude de la frugalité les familiarise avec les privations. Un homme de couleur, riche habitant de Saint-Domingue, m'a assuré qu'ils trouveraient, parmi cette espèce de nègres, 60 à 80,000 bons défenseurs.

armée, pour faire face à l'ennemi commun; mais elles couvent et se développent pendant la durée d'un blocus.

L'opinion de quantité de colons est partagée entre ces deux projets. L'on va voir les raisons qui déterminent la majorité des négociants en faveur du troisième.

TROISIÈME PROJET.

De l'Indépendance de Saint-Domingue.

Il est bien certain que la majorité des villes manufacturières et de commerce n'approuveront ni le premier, ni le second des trois projets en discussion.

Leur opinion est motivée sur ce que l'abolition de la traite détruisant tout espoir de retirer jamais la dixième partie des anciens produits de cette colonie, elle ne vaut pas même le montant des dépenses indispensables pour la remettre sous notre dépendance; il conviendrait beaucoup mieux, disent les négociants, d'employer une trentaine de millions à l'amélioration successive de nos propriétés à la Guyane et au Sénégal, lesquelles, *bien administrées*, seraient, en moins de quinze années, en état de nous four-

nir, avec des bras libres, blancs ou noirs, beaucoup au-delà de nos besoins.

Les commerçants et beaucoup de colons ob-
jectent d'un commun accord, qu'il est plus que
douteux que d'anciens propriétaires blancs osas-
sent, après la conquête, profiter de la liberté de
rentrer sur des habitations éloignées seulement
d'une lieue, de tout moyen de secours, et con-
fier leur vie, leur fortune à des noirs insubor-
donnés, ne fussent-ils que cinq ou six contre un.

Nos villes de commerce estimeraient donc in-
finiment plus avantageux, plus humain et moins
dispendieux, de reconnaître franchement l'indépendance de Saint-Domingue, à la condition expresse d'obtenir de son gouvernement actuel :

1° Un traité de commerce, assurant aux car-
gaisons qui arriveront dans les ports de cette
île avec pavillon et expédition de France, la re-
mise du quart des droits imposés sur celles de
toutes les autres nations, et ce, *indéfiniment et
pour toujours.*

2° Que les Français et les habitants d'Haïty
pussent respectivement jouir des droits de ci-
toyen dans les deux états, et s'y livrer à toute
espèce d'industrie autorisée par les lois, sans plus
de préférence pour les uns que pour les autres ; *

---

* De l'exécution de ce deuxième article peut résulter le

3° Qu'il fût formé au chef-lieu du gouvernement d'Haïty une commission composée, en
nombre égal, de commissaires des deux nations,
chargés de s'occuper sans relâche à dresser une
liste exacte de toutes les habitations et usines
abandonnées par les anciens propriétaires, lors

bonheur à venir des deux peuples, lesquels n'en feront bientôt
plus qu'un, si l'orgueil et la vanité ne s'y opposent encore.
En effet, une portion de notre superflu de population indus-
trielle s'écoulant vers Saint-Domingue à l'époque où l'abolition de la traite en ferme l'entrée à de nouveaux Africains,
le blanc et le noir se confondront si promptement, qu'en
moins de trente ans, le nombre des quarterons et des mulâtres excédera de beaucoup celui des nègres, dont les enfants
se trouveraient être à la quatrième génération aussi blancs
que les nôtres. Tout peut donc concourir à notre mutuelle
réunion, religion, langage, habitudes, et ce désir irrésistible
pour les colons riches de venir dépenser leur fortune en
France et y jouir des plaisirs de la capitale. Ainsi, un rap-
prochement nous offre, d'un côté, les plus prompts moyens
de créer de nouveaux et nombreux consommateurs au profit
de notre industrie agricole et manufacturière; tandis que de
l'autre, de vaniteuses prétentions nous menacent d'un éter-
nel repentir, si un autre peuple vient introduire dans cette
île sa religion, sa langue naturelle, d'autres habitudes,
d'autres goûts et un nouveau germe de haine nationale suf-
fisant pour nous éloigner à jamais des hommes de couleur
actuels, qui, ne s'étant soulevés contre d'injustes préjugés
qu'à l'instigation de la métropole, peuvent se regarder encore comme ses enfants.

de la retraite des autorités françaises, ou, à défaut, d'après traditions, dépositions ou enquêtes locales. *

4° Que les fonds de terre, meubles, immeubles, ouvriers, cultivateurs et bestiaux desdites anciennes propriétés, fussent, autant que possible, estimés à leur valeur, à l'époque de la révolution.

5° Que le gouvernement d'Haïty se reconnût débiteur d'une indemnité proportionnelle de *tant pour cent*, sur l'ensemble desdites évaluations, non débiteur envers la France *collectivement parlant*, mais débiteur envers chacun desdits propriétaires, nominativement désignés sur des listes imprimées et affichées dans les deux états. Lors de la fixation d'une même et égale indemnité de *tant pour cent*, au prorata de la fortune de chaque individu, la justice et l'humanité exigeraient que ce *tant pour cent*, sur la dette coloniale en masse, fût franchement basé, non sur l'état présent des finances haïtyennes, mais d'après la progressive prospérité que lui assure, pour l'avenir, son indépendance, comparativement à

---

* Une foule de colons ayant perdu leurs titres, l'opération proposée ne peut se faire qu'à Saint-Domingue, où se trouvent encore quantité de personnes vivantes en état de contribuer à valider les réclamations des anciens propriétaires et à déjouer les fraudes de l'intrigue.

l'immobile indigence supportée par des individus expropriés depuis si long-temps ;

6° Que des consuls et commissaires français établis dans les ports du Cap, du Port-au-Prince, de Léogane, des Cayes, fussent chargés de recevoir pendant quinze ou vingt années, par quinzième ou vingtième, le montant des indemnités convenues, payables, soit en piastres (ancien titre), soit en monnaie au cours actuel de France, ou en café, à prix fixé pour toute la durée de la liquidation, à raison de 2 fr. 20 c. par kilogramme, faisant 22 sous tournois la livre, ou 31 sols, argent des îles.

7° Que le gouvernement d'Haïty prît, à ses risques, l'engagement de couvrir, par des certificats d'origine, les susdits dédommagements, pendant leurs successives traversées de Saint-Domingue en France, pour les préserver, par *des accords diplomatiques*, de pillage ou capture de la part de toute puissance maritime qui, non en guerre avec Haïty, se trouverait l'être avec la France, pendant la durée dudit traité, bien entendu que le gouvernement d'Haïty ne répondrait ni des avaries, des naufrages, ni de tous autres événements maritimes.

8° Que ces quinze ou vingt fractions de la dette haïtyenne fussent successivement expédiées par le concours de commissaires français et haïtyens, préposés *ad hoc* dans les quatre ports de Saint-Domingue susmentionnés et adressés à l'administration coloniale de Paris, laquelle serait chargée d'en faire réaliser les produits dans nos ports, pour les répartir, au marc la livre, aux colons désignés dans les listes imprimées, ou à leur ayant-cause, si mieux n'aimaient les ayant-part échanger leurs portions contre des inscriptions au grand-livre, opération qu'il conviendrait peut-être mieux d'organiser à perte ou profit pour la masse des co-partageants.

Il serait encore nécessaire de donner le plus d'authenticité possible à tout ce qui tiendrait à la répartition; il faudrait que toutes les décisions fussent prises d'une manière bien franche, d'après des motifs bien ostensibles, et que la classification des créanciers colons se fît d'après des listes imprimées, pour éloigner tout soupçon de préférence; les malheureux en voient partout!

Un traité basé sur de pareils principes, se trouvant d'accord avec ceux du prince, débarrasserait en même temps ses ministres des infatigables poursuites de ces hommes avides qui ne réussissent que trop bien à augmenter leurs parts aux dépens des autres.

Il serait également juste (en cas de traité) que les secours actuels accordés aux colons, leur fussent continués, mais à valoir sur les sommes qui leur auraient été adjugées, d'après le travail des commissaires estimateurs de leurs propriétés respectives.

Plusieurs colons se sont récriés sur la longueur des termes que je propose d'accorder au gouvernement d'Haïty, pour le paiement des indemnités que nous sommes en droit de réclamer. Des plaintes à cet égard n'auront pas lieu, si l'on veut se rappeler que les huit mille habitations agricoles ou usines exploitées à Saint-Domingue par cinq-cent mille noirs, représentaient, 1789, un capital de dix-huit cents millions, en argent des îles (soit un capital effectif de douze cents millions tournois), et qu'Haïty n'a pas encore eu le temps de parvenir à un assez haut dégré de prospérité, pour payer comptant, ou à court terme, la dixième partie d'un pareil capital. En supposant qu'il le fût par ses propres moyens, ou par des emprunts, ne conviendrait-il pas mieux encore aux malheureux expropriés, je dirai même aux intérêts de la France entière, d'accorder des termes assez longs pour sauver du moins la moitié de nos pertes, ce qui n'est pas impossible, pour peu qu'on y mette de franchise et de bonne volonté de part et d'autre! En effet, le gouvernement d'Haïty, une fois soulagé des inquiétudes que doit naturellement lui donner le pouvoir de la France, marchant à pas de géant dans le chemin de la civilisation, acquerra, avec du temps et son indépendance, un tel dégré de prospérité, qu'il lui sera indubitablement plus facile de payer six cents millions en vingt années, que cent cinquante millions comptant.

En 1789 il se récoltait à Saint-Domingue au-delà de soixante-dix millions de livres de café. Cette culture est devenue la plus lucrative de toutes celles de la zône torride, celle dont le prix doit se soutenir le plus long-temps; or Haïty ayant au-delà de sa population d'autrefois, et deux cent mille bras de moins à employer sur huit cent sucreries qui n'existent plus, et qu'on ne sera pas tenté de rétablir, vu le bas prix des sucres, on en peut conclure que la récolte du café sera successivement portée dans cette île au-delà de cent-vingt millions de livres, dans l'espace de vingt années.

Mais, m'objecteront sans doute quelques personnes, de ce que le produit total des cultures de café pourra s'élever un jour à quatre-vingts, même à cent millions, ce n'est pas une raison pour que ces produits puissent servir à l'extinction d'une dette nationale, puisque toutes les récoltes partielles doivent naturellement appartenir, là comme ailleurs, à ceux qui les font venir.

A cette observation je répondrai que le gouvernement d'Haïty peut faire pour vingt ans ce
que Toussaint-Louverture avait organisé pour
toujours *. Ce général noir, en donnant nos habitations aux chefs de la révolution, leur avait

---

* J'ai pu juger de la bonté du cœur de ce général Toussaint d'après une anecdote dont la vérité m'est connue. Je
l'ai racontée à son fils ; il en a été ému jusqu'aux larmes :
elles couleront de nouveau quand il la verra imprimée. Ce
jeune noir demeure à Bordeaux, où il a épousé une mulâ-
tresse aussi aimable, aussi bien élevée que lui : l'un et l'autre
donnent l'exemple d'une piété et d'une conduite remar-
quables ; leurs connaissances et leur langage les rendraient
partout admissibles dans les meilleures compagnies. Un
propriétaire de deux cafeyries à Saint-Domingue se noie
en tâchant d'échapper au massacre du fort Dauphin, époque de la première insurrection. Peu de temps après, sa
femme meurt d'inquiétudes, de fatigues et de chagrin. Ils
laissent trois petites filles en bas âge. Leur gouvernante,
nommée Françoise, bonne et jolie négresse, trouve moyen,
avec l'aide d'un jeune et courageux nègre, doué comme elle
d'une ame sensible et bienfaisante, de soustraire plus d'une
fois ces innocentes créatures aux poignards qui planaient
alors sur les têtes des blancs, sans distinction d'âge ni de
sexe. A la suite de divers événements, d'un naufrage bien
célèbre, et de plusieurs voyages de mer presque roma-
nesques et trop longs à redire ici, la bonne Françoise s'em-
barque pour la quatrième fois sur un vaisseau neutre, et
arrive à Bordeaux en l'an V, avec ses trois petites orphelines.
Elle les présente à leur oncle, qu'elle supposait avoir reçu
des fonds de Saint-Domingue devenu enfin plus tranquille

imposé, pour condition expresse, de ne garder pour eux que le tiers des produits, de compter de l'autre tiers aux anciens propriétaires, et de donner le dernier tiers aux ouvriers cultivateurs.

Les Haïtyens conservent encore aujourd'hui ce

sous l'autorité du général Toussaint. Bientôt convaincue qu'aucun secours n'est arrivé, elle dit à ses maîtres : Portez vos plaintes à notre gouverneur actuel : je le connais personnellement ; il a eu plus d'une fois des bontés pour moi, il rendra justice à mes enfants. Munie d'une lettre et d'une procuration de l'oncle, elle repart pour Saint-Domingue, se présente chez Toussaint : Tenez, lui dit-elle, voilà une lettre et une procuration d'après lesquelles on jette mes orphelines dans vos bras. Le général lit, appelle un aide-de-camp : Pars sur-le-champ, lui dit-il, pour le quartier du Gros-Morne, ordonne de ma part au fermier des habitations M*** de se trouver sans faute après demain à mon audience. Le fermier s'y présente... A qui as-tu remis le tiers des produits qui reviennent à tes mineurs ? A personne, répond le fermier d'une voix tremblante. Eh bien ! si dans dix jours, il ne se trouve pour eux au moins soixante milliers de café chez un tel au Cap, tu auras affaire à moi...... Tu m'entends. Quatre mois après le départ de la négresse, l'oncle reçoit tous ces détails, et la nouvelle que le fret est arrêté sur un navire américain pour ces soixante milliers de café. Ils y sont chargés : l'armée du général Leclerc entre au Cap à la lueur des flammes d'une ville en feu et aux cris de ses habitants qu'on égorge. L'embargo et la décharge de tout navire neutre est ordonnée. Depuis, cette famille n'a entendu parler ni de café, ni de celle qu'on n'appelait au Cap que la belle Françoise, ni de son brave compagnon.

mode de partage pour tout ce qui n'est pas bien de famille, avec cette différence que le tiers des produits agricoles, réservé par ordonnance de Toussaint aux anciens maîtres, fait aujourd'hui partie des revenus du gouvernement, lequel se déciderait probablement à ce sacrifice et à quelques autres, pour les échanger contre l'indépendance et la paix, précieux avantages, susceptibles de réparer promptement de grands maux.

En se soumettant à une réduction de moitié sur leurs anciens capitaux, les propriétaires de Saint-Domingue rendent évidemment leur condition plus douloureuse encore que n'a été celle des créanciers de l'État en France, par la réduction de toute leur fortune au tiers. En effet, ces propriétaires, en consentant à une réduction de moitié sur leur créance, doivent attendre vingt ans sans en tirer leur remboursement total, qui ne s'effectue que graduellement, et par conséquent avec des chances de péril, tandis que les capitaux français, réduits au tiers, furent du moins consolidés pour toujours, sauf encore remboursement intégral et simultané. Les colons accepteraient bien volontiers de pareilles conditions.

En cas d'accommodement, je rappellerai encore que le travail préliminairement indispensable, pour bien reconnaître les anciennes propriétés, et parvenir aux estimations les plus impartiales, ne peut être fait qu'à Saint-Domingue, ou des listes nominativement imprimées et affichées pourront être au besoin censurées et redressées, dans les intérêts des deux parties, par des appréciateurs encore existants, seul moyen de mettre des propriétaires sans protection, à l'abri des intrigues de ceux qui en ont.

Encore un peu de patience, infortunés colons, le Roi ne tardera probablement pas à prendre une détermination quelconque, relativement à Saint-Domingue. Telle qu'elle puisse être, on ne peut douter qu'elle ne soit dictée par la sagesse, dans le double but d'assurer de plus en plus le bonheur de la France, d'accroître sa gloire, et de réparer autant que possible vos désastres et consoler vos infortunes.

Si le gouvernement se décidait pour un accommodement, vos justes réclamations présentées de sa part, et appuyées par lui, seraient sans aucun doute admises au congrès d'Haïty, avec les égards dus à une aussi haute protection. On verrait bientôt alors des capitalistes s'offrir pour faciliter l'extinction d'une créance, évidemment fixée d'après vos offres, au-dessous des ressources du débiteur. Mais enfin, si vos modestes prétentions devaient éprouver un refus impossible à prévoir, vous pourriez espérer encore une irrésistible intervention de la part des puissances, qui n'auraient aucun avantage direct à éterniser vos souffrances. Quel événement plus susceptible d'inspirer un grand intérêt, que les malheurs d'un peuple massacré, expulsé, proscrit en masse du sol qui le vit naître!

Les moyens d'exécution et les chances des trois projets qui occupent en ce moment les hommes d'État et les colons, ont été successivement présentés avec franchise, désintéressement, quelque connaissance de cause et parfaite neutralité d'opinion. Puisse leur exposé contribuer à éclairer la question, à fixer les idées, et à conduire à l'adoption du seul plan qui ne puisse nous causer des regrets; je dis plus, du seul qui, dans l'état des choses, puisse améliorer le sort des parties intéressées, et devenir en même temps une nouvelle source de prospérité nationale!

IONS.

tant de troupes de débarquement que d'équipage, 4,560 bariques d'eau à une par homme.

8 Vaisseaux de 74 tonneaux réalisaient l'un dans l'autre 70,000 fr. à
4 Grosses frégates avec fret d'aller et retour, produit équivalent
12 Grandes corvettes donnée pour base, et sachant que les gages des
24 Bâtiments..... doublé depuis 40 ans, je ne crois pas que, dans
tonneau, pour six mois, fret acquit au départ, et

NAVIRES ...is. Ces conditions seraient d'autant plus chétives
se présente aucune chance de fret en retour, res-
200 De 350 tonneaux
15 Ayant chacun 60
vaux. Ensemb rique d'eau, ses vivres pour trois mois, a toujours
Hommes de terr 2 ; ainsi,
215 Navires de 350 ir les 375 navires, font........ 34,430 tonn.
devant procu pris 6,000 hommes sur l'escadre.)

2ᵉ EX ci-contre, les six mois de vivres de
ur.

80 Navires de 350 échet et coulage embarquées en sus.
devant partir jours, 10,731,600 r.
mée, pour les 163,200 kilogrammes, ou........ 21,463 tonn.
mes, de vivres, des officiers de santé, médica-
chacun 50 ho .... 4,000 tonn.

3ᵉ EX 59,893 tonn.
hommes composant les équipages
80 Navires,.....Idera de tonneaux disponibles; les 7,500 tonn.
rmateurs........................
Total 67,393 tonn.
Hommes de terr onible que................. 63,857 tonn.

215 Navires de trans, les rechanges pour l'escadre, etc., 131,250 tonn.
15,060 homm bservé à Brest, savoir, que le ma-
transporter e mmes qui la composent.
de 38,900 ho 50 fr. du tonn. pour six mois.... 45,937,500 fr.
gages, tout s autrefois par des hommes experts
La totalité de et la nourriture de 54,200 hommes,
employés sera approximative de tout le matériel
Plus 300 domest qu'il serait trop long de détailler,
120 sur l'esc nte, d'après mes calculs, à l'énorme
transports... .... 147,600,000 fr.
Total
193,537,500 fr.

r à forfait d'une pareille expédition pour 220 mil.
non armés.

APERÇU DES FRAIS D'UN ARMEMENT CONTRE SAINT-DOMINGUE.

EXPÉDITION.	Équipages.	Troupes.
BATIMENTS DU ROI.		
8 Vaisseaux de 74 et 60 canons..............	5,200	4,000
4 Grosses frégates	1,200	800
12 Grandes corvettes, à 180 hommes de mer.....	2,160	1,200
24 Bâtiments.........................	8,560	6,000
NAVIRES DE TRANSPORT.		
200 De 350 tonneaux chaque..................	4,000	24,000
15 Ayant chacun 60 hommes de troupe, et 60 chevaux. Ensemble 900 chevaux............	300	900
Hommes de terre et de mer........ 43,760 t.	12,860	30,900
215 Navires de 350 tonneaux plus ou moins, mais devant procurer un ensemble..... 75,250 t.		
2ᵉ EXPÉDITION.		
80 Navires de 350 tonneaux, ou ...... 28,000 t. devant partir quatre mois après l'armée, pour les remplacements d'hommes, de vivres et munitions, avec chacun 50 hommes de troupes...........	1,600	4,000
3ᵉ EXPÉDITION.		
80 Navires,..... _Idem_,.....ou ...... 28,000 t.	1,600	4,000
Total des tonneaux.....131,250 t.		
Hommes de terre et de mer...............	15,060	38,900
215 Navires de transport. 24 bâtiments du Roi, et 15,060 hommes de mer, pour escorter et transporter en trois expéditions une armée de 38,900 hommes, avec ses vivres, ses bagages, tout son matériel, et 900 chevaux. La totalité des hommes de terre et de mer employés sera de 53,900		
Plus 300 domestiques au moins, dont 120 sur l'escadre et 180 sur les transports.................. 300		
Total des hommes....... 54,200		

OBSERVATIONS.

Une pareille escadre armée en guerre, ayant presque autant de troupes de débarquement que d'équipage, ne peut prendre que 3 mois de vivres de mer, y compris 14,560 bariques d'eau à une par homme.

Pendant les années de 1780 à 1790, les navires de 350 tonneaux réalisaient l'un dans l'autre 70,000 fr. à mince profit, dans un voyage de 6 mois à Saint-Domingue, avec fret d'aller et retour, produit équivalent à 200 fr. par tonneau pour tout le voyage. Prenant cette donnée pour base, et sachant que les gages des hommes de mer et tous les frais d'armement ont plus que doublé depuis 40 ans, je ne crois pas que, dans cette circonstance, on puisse traiter à moins de 350 fr. par tonneau, pour six mois, fret acquit au départ, et 2 fr. 50 c. pour chaque jour excédant le terme de 6 mois. Ces conditions seraient d'autant plus chétives pour les armateurs que, dans la position supposée, il ne se présente aucune chance de fret en retour, ressources que nous avions autrefois.

Le déplacement d'un homme à bord, ses bagages, sa barique d'eau, ses vivres pour trois mois, a toujours été estimé un tonneau, et celui d'un cheval un tonneau 1/2 ; ainsi,

32,900 hommes de troupes.	} embarqués sur les 375 navires, font.........	34,430 tonn.
180 domestiques......	(non-compris 6,000 hommes sur l'escadre.)	
900 chevaux.........		

Reste à embarquer, pour les 54,200 hommes mentionnés ci-contre, les six mois de vivres de campagne, à raison de........ { 54,200 rations par jour. { 5,420 p. 10 p. ᵉ de déchet et coulage embarquées en sus.

Rations par jour....... 59,620, et pour 180 jours, 10,731,600 r.

Lesquelles estimées du poids de 2 kilogrammes font 21,463,200 kilogrammes, ou........ **21,463 tonn.**

Pour le déplacement des généraux et officiers supérieurs, des officiers de santé, médicaments, aumôniers, etc.; rien de trop de................ **4,000 tonn.**

59,893 tonn.

On doit porter également ici le déplacement des 7,500 hommes composant les équipages des 375 navires de transport, pour connaître ce qui restera de tonneaux disponibles; les gages et les vivres desdits équipages étant à la charge des armateurs................ **7,500 tonn.**

67,393 tonn.

Sur 131,250 tonneaux de frétés, il ne reste plus de disponible que................ **63,857 tonn.**

Pour contenir et porter tout le matériel de l'armée de terre, les rechanges pour l'escadre, etc., ces calculs sont d'accord avec ce qui a été constamment observé à Brest, savoir, que le matériel d'une armée exportée tient plus de place que les hommes qui la composent. **131,250 tonn.**

Dépenses.......... 131,250 tonn. frétés, à 350 fr. du tonn. pour six mois.... **45,937,500 fr.**

Si, calculant d'après des données qui m'ont été fournies autrefois par des hommes experts en ce genre, j'ajoute les frais d'armement de l'escadre, la solde et la nourriture de 54,200 hommes; celle des généraux et officiers de tous grades, plus la valeur approximative de tout le matériel d'une pareille armée ; j'ai la conviction que mes estimations, qu'il serait trop long de détailler, resteront au-dessous du vrai, bien que leur énumération monte, d'après mes calculs, à l'énorme somme de.................. **147,600,000 fr.**

193,537,500 fr.

Nota. Je ne conseillerais à personne d'être l'entrepreneur à forfait d'une pareille expédition pour 220 millions, le Roi fournissant même les troupes et les vaisseaux non armés.

www.ingramcontent.com/pod-product-compliance
Lightning Source LLC
Chambersburg PA
CBHW061723060726
47597CB00006B/2540